I0822040

jeux
de montagnes
et
d’eaux

fougères 42220 la versanne
ISBN 2-909422-50-X

collection « encre marine »
dirigée par jacques neyme
ISBN : 978-2-84186-416-4

jeux de montagnes et d'eaux

quatrains et huitains de chine

traduits par jean-pierre diény

édition augmentée

encre marine

Avertissement

OUYANG XIU (1007-1072), l'un des hommes de lettres les plus éminents de la dynastie des Song, écrivit un jour, entre autres réflexions sur la poésie :

Notre empire a connu autrefois neuf moines tenus dans le monde pour de bons poètes. Aussi publia-t-on à l'époque une anthologie intitulée « Poèmes des neuf bonzes », aujourd'hui disparue. Quand j'étais jeune, j'ai entendu beaucoup de gens en faire l'éloge. [...] En ce temps-là, un docteur appelé Xu Dong, excellent écrivain et savant distingué, réunit ces moines poètes, entre lesquels furent partagés des sujets de composition. La règle du jeu leur fut ainsi communiquée : « Défense d'utiliser ne serait-ce qu'un seul mot de la famille suivante : montagne, eau, vent, nuage, bambou, pierre, fleur, herbe, neige, givre, étoile, lune, bête, oiseau. » Sur quoi tous les moines déposèrent leur pinceau[1].

Cette plaisante comédie se passait au début des Song, au cœur de la période où s'épanouit la poésie paysagiste. Sans doute ces neuf moines, dans leurs temples reculés, s'adonnaient-ils avec prédilection à la peinture des monts et des eaux. Mais l'homme qui les prit au piège, Xu Dong, appartenait à un autre monde. Reçu au concours du doctorat en l'an 1000, fonctionnaire et spécialiste de l'un des classiques de la tradition confucéenne, il était prosateur plutôt que poète. Avec malice, il réduisit au silence ses invités, en leur interdisant de réemployer les matériaux bruts de

1. *Ouyang Wenzhong gong ji*, 14, « Shihua ».

son catalogue, dont il se doutait bien qu'ils ne pourraient se passer.

Voilà le lecteur prévenu : il trouvera peu de poèmes dans le présent recueil qui eussent échappé à la censure de Xu Dong ! C'est à un nombre limité d'objets que s'attache ce genre poétique, et la relative monotonie de son lexique peut paraître un léger handicap. Mais il y a plus grave. En travaillant à la transposition de ces pièces subtiles, le traducteur est bien obligé de s'avouer l'ampleur de la perte. Si je renonce aux savants commentaires, comment tiendrai-je compte à la fois de la lettre et de son au-delà, des réminiscences de la tradition et des allusions à l'actualité, des passions de l'auteur et des drames de son temps ? Comment ferai-je passer le rythme bref et fort du poème chinois dans notre langue encombrée d'outils grammaticaux ? Suis-je en droit de substituer à une musicalité complexe, étrangère à nos oreilles, la douce mélodie de la phrase française ? Enfin, difficulté suprême, peut-être insurmontable pour tout autre qu'un lettré chinois, comment percevoir et conserver le « ton » propre à chacun des grands poètes qui ont évoqué la montagne et l'eau ?

Pour tourner autant que possible ces obstacles, j'ai choisi de « voler » des poèmes, comme disait Claude Roy, auxquels leur simplicité, leur dépouillement, leur transparence, m'ouvraient un accès immédiat. Une sélection, somme toute, révélatrice des goûts du « passeur » que je suis, plutôt que de la grandeur du génie de la Chine, qui créa la poésie paysagiste une bonne quinzaine de siècles avant nous[1], puis la développa puissamment sous le nom de « poésie de la montagne et de l'eau », tel un arbre merveilleux, frondaisons largement déployées sur un unique tronc nourricier. Pour éviter l'écueil des allusions érudites qui auraient fait peser sur la traduction des pièces les plus longues un lourd appareil de notes, je m'en suis tenu à des formes brèves. Le

1. Voir Paul Demiéville, « La montagne dans l'art littéraire chinois », *France-Asie* 183, 1965. Brillante introduction historique, reprise dans *Choix d'études sinologiques (1921-1970)*, Leiden, 1973.

quatrain, issu de l'antique strophe de quatre vers, a conquis peu à peu son autonomie à partir des débuts de notre ère et s'est épanoui pleinement, en compagnie du huitain de formation plus récente, sous les dynasties des Tang (618-906) et des Song (960-1279).

Xu Dong moquait l'apparente pauvreté en images des poètes de la nature. Mais en proscrivant leur bagage de lieux communs, il se privait de la magie de leur art qui naît de la variété des situations respectives du sujet et de l'objet. Entre les deux peut exister une distance : la montagne est diversement regardée, d'un œil attentif, amusé, émerveillé, subjugué. Mais en sa présence le rêveur passe aisément de l'apaisement à l'oubli de soi, pour se perdre enfin au sein du grand tout.

Il existe des poètes randonneurs et c'est sur les brèves évocations de leurs courses en montagne que s'ouvre le volume. En peu de mots s'y concentrent les impressions que développe en prose le genre familier des récits de voyage. Au tour narratif la description associe ses esquisses, ses lavis, sous des éclairages variables selon les saisons ou selon les moments de la journée, notamment l'aube et le crépuscule où se noient les contours. Poésie et peinture sont si intimement liées que sous le regard du contemplateur le paysage se révèle œuvre d'art. La montagne, antique divinité généreuse et redoutable, horrifique séjour des monstres, accueille aussi dans sa paix, en période de troubles, ceux qui fuient la poussière et les dangers du monde. Ermites et moines y établissent leurs retraites et monastères, et le regard serein qu'ils portent sur elle en découvre l'auguste majesté, la pureté sublime. Pas plus que de *yang* sans *yin*, il n'y a de montagne sans eau. Mais dans un deuxième groupe de poèmes c'est l'eau qui retient toute l'attention : limpidité des bassins et des lacs, inépuisable vitalité des torrents et des cascades, reflets, jeux d'ombre et de lumière. De vastes paysages défilent sous les yeux du voyageur à bord de son bateau, à moins que le poète, immobile sur la rive, ne voie s'évanouir une embarcation dans la brume, emportée mystérieusement vers d'autres cieux.

J.-P. Diény

jeux
de montagnes
et
d'eaux

quatrains et huitains de chine
traduits par jean-pierre diény

老來無夢不山林

李東陽

L'âge venant
nul rêve qui ne soit
de montagne ou forêt

Li Dongyang

魯山山行

梅堯臣

適與野情愜
千山高復低
好峰隨處改
幽徑獨行迷
霜落熊升樹
林空鹿飲溪
人家在何許
雲外一聲雞

Randonnée dans les monts du Lushan

Mei Yaochen

Pour le plaisir de mon humeur sauvage,
S'élevant, s'abaissant, mille montagnes,
Un défilé changeant de belles cimes,
Et des sentiers secrets où je m'égare.

Gelée blanche, les ours grimpent aux arbres,
Forêt vide où les cerfs boivent l'eau vive,
Mais que sont donc les humains devenus ?
Au revers du nuage chante un coq.

寒山

自在白雲閒
從來非買山
下危須策杖
上險捉藤攀
澗底松常翠
谿邊石自斑
友朋雖阻絕
春至鳥關關

Qui se repose au sein des nuées blanches
N'a nul besoin d'acheter la montagne.
Le val est-il pentu, prends un bâton,
La montée rude, agrippe les lianes.
Les pins resteront verts au fond des gorges,
Au bord des eaux se marbreront les roches.
Les liens brisés, tu n'auras plus d'amis,
Mais au printemps le concert des oiseaux.

遊雲居寺

贈穆三十六地主

白居易

亂峰深處雲居路
共蹋花行獨惜春
勝地本來無定主
大都山屬愛山人

En promenade au temple « Séjour des Nuages »
Pour Mu-le-trente-sixième, propriétaire terrien

Bai Juyi

Au cœur du désordre des cimes
    cherchant le Séjour des Nuages,
Tous marchent en foulant les fleurs
    moi seul je pleure le printemps.
Pour ce beau site en vérité
    nul propriétaire attitré,
Toutes montagnes appartiennent
    à l'homme épris de la montagne.

終南山

王維

太乙近天都
連山到海隅
白雲迴望合
青靄入看無
分野中峰變
陰晴眾壑殊
欲投人處宿
隔水問樵夫

*Zhongnanshan**

Wang Wei

Le Faîte unique
    approche la cité céleste,
Sa longue arête
    atteint les bords de l'Océan.
Nuages blancs,
    on se retourne, ils se referment,
Brouillard bleuté,
    on y pénètre, il se dissipe.
Tous les terroirs
    que traverse le mont diffèrent,
Ombre et lumière
    se jouent dans les gorges sans nombre.
Désir m'a pris
    d'un gîte pour passer la nuit,
Sur l'autre rive
    un bûcheron, je l'interroge.

*Le Zhongnanshan (le mont du Fond du Sud) s'élève au sud de l'ancienne capitale, Chang'an. Il s'appelle aussi « Taiyi », le Faîte unique.

村行

王禹偁

馬穿山徑菊初黃
信馬悠悠野興長
萬壑有聲含晚籟
數峰無語立斜陽
棠梨葉落胭脂色
蕎麥花開白雪香
何事吟餘忽惆悵
村橋原樹似吾鄉

Promenade au village

Wang Yucheng

Mon cheval prit un sentier de montagne
où jaunissaient les chrysanthèmes,
Je le laissai marcher d'un pas tranquille,
envoûté par le paysage.
On entendait les dix mille ravins
s'emplir des flûtes vespérales,
Et se taisait la cohorte des cimes
debout dans le soleil du soir.
Le poirier fruste au prix de son feuillage
se colorait de fruits vermeils,
Le sarrazin entrouvrait de ses fleurs
la neige blanche et parfumée.
D'où m'est venu dans cette songerie
un brusque accès de désespoir ?
D'un petit pont, d'un arbre dans la plaine,
pareils à mon pays natal.

華樓

劉源祿

山下煙霞山上樓
丹梯躡足小勾留
置身已在煙霞上
還有煙霞最上頭

La Belle Tour

Liu Yuanlu

Sous le mont de la Tour
    est un piémont
    voilé de rose
Je foulai de mes pas
    ses marches rouges
    et fis la pause.
À peine avais-je atteint
    l'autre côté
    du voile rose
Que surgissait encore
    voilée de rose
    la haute cime.

山行

杜牧

遠上寒山石徑斜
白雲生處有人家
停車坐愛楓林晚
霜葉紅于二月花

Promenade en montagne

Du Mu

Grimpez sur la montagne froide
par un sentier pierreux,
Au berceau des nuages blancs
il mène à des maisons.
Arrêtez la voiture, aimez
les érables le soir,
De givre leur feuillage est rouge
plus qu'au printemps les fleurs.

樂遊原

李商隱

向晚意不適
驅車登古原
夕陽無限好
只是近黃昏

Au plateau des joyeux loisirs

Li Shangyin

Le soir venant le cœur me manque
Grimpe mon char au plateau Vieux
Beauté sans borne du couchant
Si n'approchait la ténébreuse.

華子岡

裴迪

落日松風起
還家草露晞
雲光侵履跡
山翠拂人衣

La crête de [l'ermite] Huazi

Pei Di

Au soleil couchant
    dans les pins le vent se lève,
Séchant l'herbe humide
    sur le chemin du retour.
Le feu des nuages
    glisse jusque sous mes pas,
Le bleu des montagnes
    vient effleurer mes habits.

過松源晨炊漆公店

楊萬里

莫言下嶺便無難
賺得行人錯喜歡
正入萬山圈子裏
一山放出一山攔

De passage à Songyuan, déjeuner matinal à l'auberge du sieur Qi

Yang Wanli

Ne dis pas :
 « Passé cette crête,
 plus aucun problème »,
Ce serait
 donner au marcheur
 une fausse joie !

Qui pénètre
 au-dedans du cercle
 des mille montagnes,
Aussitôt
 qu'échappé de l'une,
 une autre l'arrête.

山齋詩

庾信

石影橫臨水
山雲半繞峰
遙想山中店
懸知春酒濃

De mon logis montagnard

Yu Xin

L'ombre d'un roc s'incline jusqu'à l'eau,
La brume enroule une cime à demi.
Là-bas dans la montagne, une gargote :
J'imagine le goût du vin nouveau.

秋雲嶺

劉長卿

山色無定姿
如煙復如黛
孤峰夕陽後
翠嶺秋天外
雲起遙蔽虧
江迴頻向背
不知今遠近
到處猶相對

Une crête sous les nuées de l'automne

Liu Changqing

Une montagne aux airs toujours changeants,
Tantôt brouillard et tantôt sourcil noir,
Pic solitaire au dos du crépuscule,
Crête d'azur au fond du ciel d'automne.
Voilée, tronquée, au lever des nuages,
Tournant au gré des méandres du fleuve,
Est-elle proche ou lointaine, on ne sait,
Nulle part on n'échappe à sa présence.

題西林壁

蘇軾

橫看成嶺側成峰
遠近高低無一同
不識廬山眞面目
只緣身在此山中

Inscrit sur le mur du temple de la Forêt de l'Ouest

Su Shi

Vue de profil c'est une chaîne
    et de face une cime,
Entre le proche et le lointain,
    le haut, le bas, tout change.
Si l'on ignore du Lushan
    quel est le vrai visage,
C'est simplement qu'on est soi-même
    au cœur de la montagne.

黄山即景

郭沫若

松從巖上出
峰向霧中消
峭壁苔衣白
雲奔山欲搖

Le mont Jaune d'après nature

Guo Moruo

Les pins jaillissent du rocher,
Les pics se perdent dans la brume,
Raides parois vêtues de mousse blanchissante,
Nuages au galop montagnes chancelantes.

西塞山

韋應物

勢從千里奔
直入江中斷
嵐橫秋塞雄
地束驚流滿

La Barre de l'Ouest

Wei Yingwu

Sa masse qui galope
 sur mille *li*
Tout droit pénètre et stoppe
 au sein du Fleuve.
Sous les nuées d'automne
 son front viril
Presse la course folle
 des eaux gonflées.

遊太平山詩

孔稚珪

石險天貌分
林交日容缺
陰澗落春榮
寒巖留夏雪

Promenade au mont de la Grande Paix

Kong Zhigui

Un roc vertigineux
sépare en deux l'orbe du ciel
Les troncs entrelacés
fêlent la face du soleil
Dans les ravins ombreux
tombe la gloire du printemps
Aux falaises glacées
la neige adhère en plein été.

送友人入蜀

李白

見説蠶叢路
崎嶇不易行
山從人面起
雲傍馬頭生
芳樹籠秦棧
春流遶蜀城
升沉應已定
不必問君平

À l'ami qui me quitte pour le pays de Shu

Li Bai

On dit que le chemin
du Roi des Vers à soie*,
Raide et vertigineux,
se suit malaisément.
Des montagnes se dressent
à la face des hommes,
Des nuages se forment
au front de leurs chevaux.
Mais les arbres embaument
sur les ponts suspendus,
Au printemps les cours d'eau
encerclent la Cité.
Le succès ou l'échec ?
ton destin est tracé :
Tu n'auras pas besoin
d'interroger l'oracle.

*Le Roi des Vers à soie : Can Cong, l'ancêtre mythique des rois de Shu (Sichuan), qui enseigna l'élevage des vers à soie. Le chemin décrit est la périlleuse route de Shu, chère aux poètes.
L'oracle : Yan Junping, un ermite de l'époque des Han et devin réputé.

曉行望雲山

楊萬里

霽天欲曉未明間
滿目奇峰總可觀
卻有一峰忽然長
方知不動有眞山

Sous le regard d'un promeneur matinal
nuages et montagnes

Yang Wanli

Une éclaircie au point du jour
dans un ciel sombre encore :
L'œil captivé ne voit partout
que cimes merveilleuses.
Mais il arrive qu'une cime
soudainement grandisse,
Et l'on découvre qu'immobile
elle est vraiment montagne.

鹿柴

王維

空山不見人
但聞人語響
返景入深林
復照青苔上

Le parc aux cerfs

Wang Wei

Personne en vue dans la montagne vide,
On n'entend que l'écho d'une voix d'homme.
L'astre en recul se glisse au fond des bois,
Il éclaire à nouveau la mousse verte.

邙山

沈佺期

北邙山上列墳塋
萬古千秋對洛城
城中日夕歌鐘起
山上唯聞松柏聲

Beimang

Shen Quanqi

Beimang : du haut de la montagne
les tombes alignées
De toute antiquité regardent
la ville de Luoyang.
Si dans la ville au crépuscule
résonnent chants et cloches,
Ne bruit là-haut que le murmure
des pins et des cyprès.

杜陵絕句

李白

南登杜陵上
北望五陵間
秋水明落日
流光滅遠山

Le tumulus de l'empereur Xuan. Vers brisés

Li Bai

Au sud de la vallée
du haut du tumulus
Je contemplais au nord
le champ des Cinq tombeaux.
Dans les eaux de l'automne
brillait le crépuscule,
Le courant l'emporta
éteignant la montagne.

神情詩

顧愷之

春水滿四澤
夏雲多奇峰
秋月揚明輝
冬嶺秀寒松

Épiphanies

Gu Kaizhi

Le printemps,
  de ses eaux
  emplit partout les étangs.
En été,
  de nuages
  que de montagnes étranges.
En automne,
  de la lune
  se lève la clarté pure.
En hiver,
  sur les cimes
  la beauté des pins glacés.

鳥鳴澗

王維

人閒桂花落
夜靜春山空
月出驚山鳥
時鳴春澗中

Le val aux chants d'oiseau

Wang Wei

Les humains se reposent
　　les fleurs de cassia tombent
Nuit calme de printemps
　　sur la montagne vide
Au lever de la lune
　　l'oiseau des monts s'effraie
Et siffle par instants
　　dans le val printanier.

山中留客

張旭

山光物態弄春輝
莫爲輕陰便擬歸
縱使晴明無雨色
入雲深處亦沾衣

Pour retenir un hôte à la montagne

Zhang Xu

En montagne la nature
  fête au printemps le soleil,
Garde-toi de la quitter
  pour une ombre passagère !
Même sous un ciel serein
  sans apparence de pluie,
Tu mouillerais ton habit
  en entrant dans la nuée.

辛夷塢

王維

木末芙蓉花
山中發紅萼
澗户寂無人
紛紛開且落

Le cirque des Magnolias

Wang Wei

Fleurs de lotus à la pointe des branches
S'ouvrent à la montagne en habit rouge.
Sur la cabane au val muette et vide,
Leur foule turbulente éclôt puis tombe.

春山夜月

于良史

春山多勝事
賞翫夜忘歸
掬水月在手
弄花香滿衣
興來無遠近
欲去惜芳菲
南望鳴鐘處
樓臺深翠微

Montagne au printemps nuit de lune

Yu Liangshi

La montagne au printemps
merveilles à foison
De plaisir on oublie
de rentrer à la nuit
Que je puise un peu d'eau
la lune est dans ma main
Que je me joue des fleurs
tous mes habits embaument.
Un même charme unit
le proche et le lointain
Au départ on regrette
les herbes parfumées
L'œil cherche au sud : d'où vient
le son de cette cloche ?
D'une tour que dérobent
les vertes profondeurs.

棲禪暮歸書所見

唐庚

雨在時時黑
春歸處處青
山深失小寺
湖盡得孤亭
春著湖煙膩
晴搖野水光
草青仍過雨
山紫更斜陽

Ce que j'ai vu en rentrant un soir du mont de la Méditation

Tang Geng

La pluie s'est installée
 il fait noir à toute heure,
Le printemps se retire
 il fait vert en tout lieu.
Laissant au creux des monts
 le temple minuscule,
Je trouve au bout du lac
 un abri solitaire.

Sur le lac au printemps
 de poisseuses vapeurs,
Dans l'eau libre au soleil
 les jeux de la lumière.
L'herbe est plus verte encore
 lorsqu'est passée la pluie,
La montagne plus rouge
 quand le soleil décline.

晴

杜甫

久雨巫山暗
新晴錦繡紋
碧知湖外草
紅見海東雲
竟日鶯相和
摩霄鶴數群
野花乾更落
風處急紛紛

Éclaircie

Du Fu

Il avait plu longtemps
    sur le mont noir de la Chamane.
Est venue l'éclaircie
    parée de soies et broderies :
Vertes évocations
    des prés de l'au-delà du Lac,
Rouges apparitions
    de brume au matin sur la mer.

Jusqu'au coucher du jour
    les chants des loriots se répondent,
Glissant au firmament
    des bandes de grues se répandent.
Mais des fleurs dans les champs,
    grillées, la chute est plus rapide,
Et quand le vent s'en mêle,
    quelle subite turbulence !

題都城南莊

崔護

去年今日此門中
人面桃花相映紅
人面不知何處去
桃花依舊笑春風

Ce que j'écrivis sur une porte,
à la sortie sud de la capitale

Cui Hu

L'année dernière en ce jour même
dans cette porte s'encadraient
Un visage, un pêcher en fleur,
dont se mêlaient les reflets rouges.
Mais aujourd'hui ne puis savoir
où s'en est allé ce visage,
Fleur de pêcher comme autrefois
sourit aux souffles du printemps.

木蘭柴

王維

秋山斂餘照
飛鳥逐前侶
彩翠時分明
夕嵐無處所

Au clos des Magnolias

Wang Wei

La montagne en automne
quand le jour s'y retire,
Que l'oiseau dans les airs
poursuit ses compagnons,
Un instant se détache,
lumineuse émeraude,
Mais les brumes du soir
n'ont pas de reposoir.

山居

元好問

樹合秋聲滿
村荒暮景閑
虹收仍白雨
雲動忽青山

Vivre à la montagne

Yuan Haowen

La masse des feuillages
s'emplit des rumeurs de l'automne
Les ruines du village
s'apaisent au soleil du soir
L'arc-en-ciel se retire
persistent les averses blanches
La nuée se déplace
surgissent les montagnes bleues.

林下

高啓

樹涼山意秋
雲淡川光夕
林下不逢人
幽芳共誰摘

En forêt

Gao Qi

Ombres fraîches, la montagne
    prend un air d'automne,
Brouillards légers, la rivière
    brille au crépuscule.
On ne rencontre personne
    au fond des forêts,
Avec qui vais-je cueillir
    leurs parfums secrets ?

秋山

楊萬里

烏臼平生老染工
錯將鐵皀作猩紅
小楓一夜偷天酒
卻倩孤松掩醉容

*La montagne en automne**

Yang Wanli

L'arbre à glu est dans la vie
 un vieux maître teinturier.
Il voulait un rouge sang,
 par erreur il prit du noir.

Un soir l'érable vola
 l'ambroisie des dieux du ciel,
Mais un pin cacha la vue
 de son visage aviné.

*Célébration des feuillages de l'automne. Le *wujiu* (littéralement le « mortier du corbeau »), ou glutier à suif, est un bel arbre dont le feuillage rougit brillamment en automne mais produit aussi une teinture noire. Le poète joue plaisamment sur l'ambiguïté des deux couleurs de ses feuilles, de même que sur la rougeur de l'érable.

雪望

洪昇

寒色孤村暮
悲風四野聞
溪深難受雪
山凍不流雲
鷗鷺飛難辨
汀沙望莫分
野橋梅幾樹
并是白紛紛

Vision de neige

Hong Sheng

Un bourg perdu dans l'air glacé du soir
Environné des voix d'un vent lugubre
Profonds ravins qui débordent de neige
Nuages prisonniers des monts gelés.
Mouette et cygne en vol entr'aperçus
Îlots de sable au loin confusément
Quelques pruniers auprès du pont sauvage
Toutes choses mêlées dans la blancheur.

雪晴晚望

賈島

倚杖望晴雪
溪雲幾萬重
樵人歸白屋
寒日下危峰
野火燒岡草
斷煙生石松
卻回山寺路
聞打暮天鐘

Contemplation du soir après la neige

Jia Dao

Main sur sa canne il contemple
la neige après l'accalmie,
Des nuées sur les torrents
s'épaississent par milliers.
Les bûcherons s'en retournent
à leurs masures blanchies,
Et le soleil refroidi
descend sur les hautes cimes.
Parmi la campagne un feu
brûle l'herbe des collines,
Un fil de fumée s'élève
entre sapins et rochers.
En reprenant le chemin
du temple dans la montagne,
Il entend au crépuscule
sonner la cloche en plein ciel.

逢雪宿芙蓉山主人

劉長卿

日暮蒼山遠
天寒白屋貧
柴門聞犬吠
風雪夜歸人

Hébergé par temps de neige au mont des Nénuphars

Liu Changqing

Soleil couchant, monts bleus à l'infini,
Ciel froid, pauvre logis de chaume blanc.
À la porte de bois jappe le chien :
Retour de nuit dans la neige et le vent.

舟過畫山

李守仁

淋灕大筆出天工
萬古丹青一洗空
我泛輕舟山下過
也應添在畫圖中

En barque le long de la montagne Peinte

Li Shouren

Ce pinceau géant
sorti ruisselant
de la main du Ciel
Relègue au néant
le rouge et le vert
de toute peinture.
Je fais avancer
ma barque légère
au pied de la cime,
Afin qu'elle aussi
vienne se glisser
au cœur du tableau.

柏林寺南望

郎士元

溪上遙聞精舍鐘
泊舟微徑度深松
青山霽後雲猶在
畫出西南四五峰

Au temple de la Forêt des cyprès, face au Sud

Lang Shiyuan

Jusque sur l'eau se fait entendre
la cloche du sanctuaire,
J'accoste, une piste me mène
au fond de la pinède.

Sur le mont vert après la pluie
les nuages stagnaient,
Le peintre fit surgir au Sud
quelques cimes aiguës.

雲門道中晚步

李彌遜

層林疊巘暗東西
山轉崗回路更迷
望與游雲奔落日
步隨流水赴前溪
樵歸野燒孤煙盡
牛臥春犁小麥低
獨繞輞川圖畫裏
醉扶白叟杖青藜

Promenade vespérale
sur le chemin de la Porte des nuages

Li Mixun

Forêts et crêts se superposent
    obscurcissant la terre entière,
Plus la montagne tourne et vire
    plus le sentier semble se perdre.
L'œil suit les nuées vagabondes
    qui coursent le soleil couchant,
La marche longe les eaux vives
    qui dévalent dans le torrent.

Un bûcheron quitte son feu
    seul flotte un reste de fumée,
Un bœuf se couche dans son blé
    près de la charrue printanière.
Cette peinture de Wang Wei,
    visitée dans la solitude,
Enivre le vieillard chenu
    appuyé sur sa canne verte.

陽朔山水奇絕

李綱

輟飯支頤看翠微
人間應見此山稀
無從學得王維手
畫取千山萬壑歸

*Yangshuo paysage incomparable**

Li Gang

J'en oublie ma bouchée
    et la joue dans ma main
je contemple l'azur
    d'une montagne rare.
Que ne puis-je acquérir
    la patte de Wang Wei
pour emporter l'image
    de mille monts et gorges !

*Le poète navigue sur le Lijiang, la rivière de Guilin. Le paysage de Yangshuo passe pour le plus beau de la région.

登大澤北峰

任虞臣

青天人近樹盤空
盈耳山聲不見風
坐愛千峰爭是畫
卻忘身在畫圖中

En montant au pic Nord du Grand Marais

Ren Yuchen

Du ciel bleu sombre j'approche,
du vide où les troncs se tordent.
La voix des monts m'étourdit,
mais le vent reste invisible.

Mille cimes me fascinent,
est-ce donc une peinture ?
Mais au milieu du tableau
je me suis perdu moi-même.

黃山寫生對景口占

錢松喦

繡巒幻影返鴻蒙
卻喜蓬萊有徑通
欲畫掀髯難下筆
此身已在畫圖中

Le mont Jaune d'après nature
Dicté à vue

Qian Songyan

Le mirage de la crête
brodée retourne au chaos.
Mais par bonheur un sentier
s'ouvre sur le Paradis !
Peindre, barbe relevée ?
le pinceau est malhabile
Quand on est déjà soi-même
au milieu de la peinture.

詔問山中何所有賦詩以答

陶弘景

山中何所有
嶺上多白雲
只可自怡悅
不堪持寄君

En réponse à Sa Majesté qui voulait savoir
ce qu'il y a dans la montagne

Tao Hongjing

Qu'y a-t-il dans la montagne ?
Des sommets voilés de blanc.
Ce plaisir est pour moi seul,
Je ne saurais vous l'offrir.

望廬山五老峰

李白

廬山東南五老峰
青天削出金芙蓉
九江秀色可攬結
吾將此地巢雲松

En contemplant les Cinq Vieillards du Lushan*

Li Bai

Cinq Vieillards au sud-est
du mont de la Cabane
Comme un lotus doré
détaché du ciel bleu.
Beauté des Neuf Rivières
offerte à mon étreinte
Je ferai là mon gîte
sous les pins embrumés.

*Les pics des Cinq Vieillards dominent au sud-est le massif du Lushan.

鄂州南樓書事

黃庭堅

四顧山光接水光
憑欄十里芰荷香
清風明月無人管
併作南樓一味涼

Évocation du pavillon Sud à Ezhou

Huang Tingjian

Tout autour de nous
  splendeur des montagnes
  et splendeur des eaux.
Penché l'on respire
  de lointains parfums
  de macre et lotus.
Mais nul ne prend garde
  à la brise pure
  à la lune claire,
Qui donnent ensemble
  au pavillon Sud
  son goût de fraîcheur.

過下梅

楊萬里

不特山盤水亦回
溪山信美暇徘徊
行人自趁斜陽急
關得歸鴉更苦催

En passant par Prunier-le-Bas

Yang Wanli

Comme se lovent les montagnes
ainsi serpentent les ruisseaux,
Les eaux, les monts, c'est bien joli,
si l'on est libre de flâner !
Mais quand le voyageur pressé
talonne un soleil en déclin,
Corbeau, ce n'est point ton affaire
de le bousculer davantage !

莫鳌峰

吴偉業

始信一生誤
未來天際看
亂峰經數轉
遠水忽千盤
獨立久方定
孤懷驟已寬
亦知歸徑晚
老續此游難

Du pic de Mo Li

Wu Weiye

Enfin j'ai compris
    l'erreur de ma vie :
N'être pas venu
    contempler du ciel
Des monts déchaînés
    les nombreux détours,
Et des longues eaux
    les brusques méandres.

Debout seul enfin
    le calme est venu,
Le fond de mon cœur
    soudain s'est ouvert.
Mais sur le sentier
    déjà le soir tombe,
Pourrai-je à mon âge
    revenir un jour ?

尋陸鴻漸不遇

皎然

移家雖帶郭
野徑入桑麻
近種籬邊菊
秋來未著花
扣門無犬吠
欲去問西家
報道山中去
歸時每日斜

Vaine visite à Lu Hongjian

Le moine Jiaoran

Sa nouvelle maison
    n'est qu'à deux pas de la muraille,
Sur un sentier champêtre
    entre le chanvre et les mûriers.
Il venait de semer
    près de sa haie des chrysanthèmes,
Mais l'automne venu,
    ils ne sont pas montés en fleur.
J'ai frappé à la porte
    sans que le chien se fît entendre.
Sur le point de partir
    j'interrogeai le voisinage,
Et voici la réponse :
    « Il est allé dans la montagne,
Jamais il n'en revient
    qu'à l'heure où le soleil décline. »

尋隱者不遇

賈島

松下問童子
言師採藥去
只在此山中
雲深不知處

Vaine recherche de l'ermite

Jia Dao

Sous les pins j'avise
 un petit valet.
« Le maître, dit-il,
 récolte les simples.
Mais en vérité
 dans cette montagne
Au fond d'un nuage
 il a disparu. »

闕題

劉慎虛

道由白雲盡
春與青溪長
時有落花至
遠隨流水香
閒門向山路
深柳讀書堂
幽映每白日
清輝照衣裳

Sans titre

Liu Shenxu

Le chemin disparaît
sous les nuages blancs,
Aussi long le printemps
que le sombre torrent !
Parfois les fleurs tombées
parviennent jusqu'ici,
De lointaines senteurs
suivent le fil de l'eau.
Sa porte est au repos
face au sentier pentu
Et ses livres se logent
au fond de la saulaie.
Quand au désert paraît
un rayon de soleil,
Cette pure clarté
embrase ses habits.

登鸛雀樓

暢當

迥臨飛鳥上
高出世塵間
天勢圍平野
河流入斷山

Du haut du pavillon de la Cigogne

Chang Dang

Plus haut que les oiseaux en vol
Je sors du monde de poussière
Le ciel embrasse la campagne
Les eaux s'engouffrent dans la gorge.

初見嵩山

張耒

年來鞍馬困塵埃
賴有清山豁我懷
日暮北風吹雨去
數峰清瘦出雲來

Première visite au Songshan

Zhang Lei

Des années
mon cheval sellé
a peiné dans la poussière
Par la grâce
des montagnes pures
mon âme enfin se libère.
À la brune
un souffle de vent
vient du nord chasser la pluie
Les sommets
effilés et purs
se dévoilent à mes yeux.

山中問答

李白

問余何意棲碧山
笑而不答心自閑
桃花流水窅然去
別有天地非人間

Dialogue en montagne

Li Bai

« Dis-moi pourquoi tu loges
  sur la montagne verte. »
Je ris, ne réponds rien,
  le cœur oisif et libre.
Fleurs de pêcher sur l'eau
  s'éloignent sans retour,
Autre ciel, autre terre,
  loin du monde des hommes.

入若耶溪

崔顥

輕舟去何疾
已到雲林境
起坐魚鳥間
動搖山水影
巖中響自答
溪裏言彌靜
事事令人幽
停橈向餘景

En barque sur la Lavandière

Cui Hao

Elle avait hâte, ma barque légère,
D'atteindre le séjour du Bois brumeux !
Assis, debout, entre oiseaux et poissons,
J'ai troublé les reflets de la montagne.

Tandis qu'en haut les falaises dialoguent,
Nos voix sur l'eau amplifient le silence.
Me voici retiré de tout souci,
Rame en suspens face aux derniers rayons.

寒山

今日巖前坐
坐久煙雲收
一道清谿冷
千尋碧嶂頭
白雲朝影靜
明月夜光浮
身上無塵垢
心中那更憂

Ce jour me suis assis face au rocher,
Assis je reste et la brume recule.
Un torrent pur file sa course froide,
Un écran vert culmine à mille toises.

Blanches nuées reflets calmes de l'aube,
Perle de lune errant dans la nuit claire,
Mon corps lavé de tache et de poussière,
Au fond du cœur quel reste de tristesse ?

酬張少府
王維

晚年惟好靜
萬事不關心
自顧無長策
空知返舊林
松風吹解帶
山月照彈琴
君問窮通理
漁歌入浦深

En réponse au sous-préfet Zhang

Wang Wei

Au soir de ma vie
    j'aspire au silence,
Les dix mille affaires
    mon cœur n'en a cure.
J'ai beau réfléchir,
    aucun grand projet,
Sinon de revoir
    ma vieille forêt.
Le vent dans les pins
    délie ma ceinture,
La lune en montagne
    éclaire mon luth.
Veux-tu pénétrer
    jusqu'au fond des choses ?
Le chant d'un pêcheur
    envahit la berge.

楓橋

孫覿

白首重來一夢中
青山不改舊時容
烏啼月落橋邊寺
倚枕猶聞半夜鐘

Le pont des érables

Sun Di

Les cheveux blancs
comme en un rêve
me voici de retour,
Mais les monts bleus
sans changement
ont la mine d'antan.

Le corbeau pleure
la lune penche
au temple près du pont,
Sur l'oreiller
j'entends encore
le bourdon de minuit.

望太行

曹勳

落月如老婦
蒼蒼無顏色
稍覺林影疏
已見東方白
一生困塵土
半世走阡陌
臨老復茲游
喜見太行碧

En vue de la Longue chaîne

Cao Xun

Sous la lune en déclin, grisâtre,
Et sans couleur comme une vieille,
Je vois pâlir l'ombre des arbres
Et déjà l'Orient blanchir.

La moitié de ma vie passée
Dans la poussière des chemins,
Je redécouvre ici, vieillard
Joyeux, la Longue chaîne verte.

入長溪境

王十朋

老矣倦游宦
入閩如山川
三山疑隔海
九嶺類鑽天
種稻到山頂
栽松侵日邊
溪長水無盡
前更有清泉

Aux abords de la Longue rivière

Wang Shipeng

Je suis vieux et fourbu
d'avoir couru dans la carrière,
J'entre au pays de Min
tout en montagnes et rivières.
La masse des montagnes
semble une mer infranchissable,
Les crêtes innombrables
ont l'air de transpercer le ciel.

On a semé du grain
jusqu'à la cime des montagnes,
On a planté des pins
jusqu'aux lisières du soleil.
Jamais de la Rivière
les longues eaux ne tariront,
Car toujours devant nous
jailliront d'autres sources pures.

歸嵩山作

王維

清川帶長薄
車馬去閒閒
流水如有意
暮禽相與還
荒城臨古渡
落日滿秋山
迢遞嵩高下
歸來且閉關

En revenant au Grand mont

Wang Wei

La rivière ceinture
les taillis foisonnants
Où cheval et voiture
s'en vont d'un pas tranquille

Ses eaux pures dévalent
on dirait à dessein
Et les oiseaux ce soir
avec moi se retirent

Rempart à l'abandon
du vieil embarcadère
Crépuscule automnal
sur la montagne entière

Le Grand mont se déploie
il s'élève et s'abaisse
Me voilà de retour
et je ferme ma porte.

書湖陰先生壁

王安石

茆簷長掃靜無苔
花木成畦手自栽
一水護田將綠遶
兩山排闥送青來

Inscrit sur le mur de Messire Midi-du-lac

Wang Anshi

De ta chaumière un bon balai
    a nettoyé toutes les mousses,
Arbres et fleurs dans ce lopin
    ont été plantés de ta main.
Un ruisseau veille sur ta terre,
    il en enclôt l'étendue verte,
Et de deux monts, poussant ta porte,
    vient jusqu'à toi l'offrande bleue.

山居即事

王維

寂寞掩柴扉
蒼茫對落暉
鶴巢松樹遍
人訪華門稀
嫩竹含新粉
紅蓮落故衣
渡頭燈火起
處處採菱歸

Impromptu de mon logis montagnard

Wang Wei

Refermée sur le silence
l'humble porte en bois
S'offre dans l'espace immense
au soleil couchant.
Sur les pins des alentours
les grues dans leurs nids,
À ma porte de branchage
peu de visiteurs.
Gracieux bambous gonflés
de pousses nouvelles,
Rouges lotus dépouillés
de leurs vieux habits.
Au gué les lampes s'allument,
car de tous côtés
S'en retournent les cueilleuses
de châtaignes d'eau.

竹里館

王維

獨坐幽篁裏
彈琴復長嘯
深林人不知
明月來相照

Le Ménil aux bambous

Wang Wei

Tapi tout seul au retrait des bambous,
Il joue du luth et siffle longuement.
Au fond des bois, ignoré des humains,
Le clair de lune approche et l'illumine.

夏日山中

李白

嬾搖白羽扇
裸袒青林中
脫巾挂石壁
露頂灑松風

Un jour d'été dans la montagne

Li Bai

Fatigué d'agiter
    ton éventail de plumes blanches,
Dénude tes épaules
    au fond de la verte forêt.
Retire ton bonnet
    et le suspends à la paroi,
Pour exposer ton chef
    au vent qui souffle dans les pins.

題張氏隱居

杜甫

春山無伴獨相求
伐木丁丁山更幽
澗道餘寒歷冰雪
石門斜日到林邱
不貪夜識金銀氣
遠害朝看麋鹿遊
乘興杳然迷出處
對君疑是泛虛舟

Pour la retraite de Messire Zhang

Du Fu

Seul au printemps dans la montagne
sans compagnon je pars à ta recherche,
Sur les troncs d'arbres la cognée
sonne et résonne amplifliant le silence.
Dans le ravin le froid persiste
et je chemine à travers glace et neige,
Voici la colline boisée
le soleil glisse auprès du seuil de pierre.

Le soir tu perçois sans envie
l'exhalaison de l'or et de l'argent,
À l'aube tu vois sans malice
les libres jeux du cerf et de l'élan.
À l'émotion qui me transporte
je ne sais plus comment me dérober,
Et devant toi je me demande
si je navigue à bord d'un bateau vide.

簡寂觀

釋靈澈

古松古柏巖壁間
猿攀鶴巢古枝折
五月有霜六月寒
時見山翁來取雪

Temple de Simplicité et Solitude

Le moine Lingche

Des pins des cyprès antiques
　　entre les parois rocheuses,
Singes grimpeurs nids de grues
　　craquements de vieilles branches.
Gelée blanche au mois de mai
　　mois de juin frigorifié,
Là le vieux de la montagne
　　vient parfois puiser sa neige.

題破山寺後禪院

常建

清晨入古寺
初日照高林
竹逕通幽處
禪房花木深
山光悅鳥性
潭影空人心
萬籟此都寂
但餘鍾磬音

Inscrit dans la Salle de méditation, à l'arrière du Poshansi

Chang Jian

Soleil de l'aube à l'entrée du vieux temple,
Le jour paraît sur la haute futaie.
Un sentier de bambous mène au secret
Des cellules tapies dans la verdure.

Clarté des monts où s'égaient les oiseaux,
Reflets des eaux où s'épurent les cœurs.
Toute rumeur du monde ici s'est tue,
Rien que le son de la cloche et du gong.

題峰頂寺

李白

夜宿峰頂寺
舉手捫星辰
不敢高聲語
恐驚天上人

Inscrit sur le mur du temple au sommet de la montagne

Li Bai

Passe la nuit
    au temple sur la cime,
Lève la main
    à toucher les étoiles,
Mais garde-toi
    de parler à voix haute,
Tu troublerais
    là-haut la gent céleste.

過香積寺

王維

不知香積寺
數里入雲峰
古木無人徑
深山何處鐘
泉聲咽危石
日色冷青松
薄暮空潭曲
安禪制毒龍

De passage au monastère des Parfums

Wang Wei

Ne sachant où trouver
    le monastère des Parfums,
Je m'avançai longtemps
    entre les crêtes embrumées.
Sous les troncs séculaires
    aucun passant sur le sentier,
De quelque part au fond
    de la montagne un son de cloche.
Une source bruissait,
    étouffée par la roche abrupte,
Le soleil apparut,
    refroidi par les sapins verts.
À l'approche du soir,
    dans l'anse calme de l'étang,
Un moine recueilli
    domptait le venimeux dragon.

宿甘露僧舍

曾公亮

枕中雲氣千峰近
床底松聲萬壑哀
要看銀山拍天浪
開窗放入大江來

Une nuit chez les moines du temple de la Rosée douce

Zeng Gongliang

Dans mon oreiller
voilées de nuées
les cimes sont proches
Au pied de mon lit
la plainte des pins
monte des ravins.

Pour apercevoir
montagne argentée
la vague en plein ciel
J'ouvre la fenêtre
et je laisse entrer
le plus grand des fleuves.

池上

白居易

山僧對棋坐
局上竹陰清
映竹無人見
時聞下子聲

Au bord de l'étang

Bai Juyi

Dans la montagne deux moines
  assis devant l'échiquier,
L'ombre pure des bambous
  tombant sur le tablier.
Nul regard ne les atteint
  sous le couvert des bambous,
On les entend par instants
  poser les jetons sonores.

大林寺桃花

白居易

人間四月芳菲盡
山寺桃花始盛開
長恨春歸無覓處
不知轉入此中來

Fleurs de pêcher au temple des Grands bois

Bai Juyi

Au quatrième mois dans le monde profane
fleurs et parfums s'évanouissent,
Mais les fleurs de pêcher dans le temple en montagne
à ce moment s'épanouissent.
J'ai souvent regretté au départ du printemps
de ne savoir où le chercher,
Mais j'ignorais alors qu'il s'était détourné
pour se glisser dans cette enceinte.

觀書有感

朱熹

半畝方塘一鑒開
天光雲影共徘徊
問渠那得清如許
爲有源頭活水來

*Pouvoir de la lecture**

Zhu Xi

Dans un bassin de rien du tout
qui leur tend son miroir,
L'astre du jour, la nuée sombre,
ensemble se promènent.
Demandons-lui : « Comment fais-tu
pour être aussi limpide ?
– C'est simplement que de ma source
me viennent des eaux vives. »

*Le titre indique le sens symbolique de l'image.

盆池

杜牧

鑿破蒼苔地
偷他一片天
百雲生鏡裏
明月落階前

Dans un bol un étang

Du Mu

On a creusé
    le sol moussu
Et dérobé
    un bout de ciel
Dans ce miroir
    naît un nuage
Au pied des marches
    glisse la lune.

宿靈鷲禪寺

楊萬里

初疑夜雨忽朝晴
乃是山泉終夜鳴
流到前溪無半語
在山做得許多聲

Une nuit au temple zen des Vautours inspirés

Yang Wanli

Un doute cette nuit : la pluie ?
    or, au matin pas un nuage !
C'est que là-haut un filet d'eau
    a gazouillé toute la nuit.
Mais lorsqu'ici dans le ruisseau
    il verse, il ne dit plus un mot,
Lui qui pourtant dans la montagne
    intarissablement bavarde.

詠山泉

儲光義

山中有流水
借問不知名
映地爲天色
飛空作雨聲
轉來深澗滿
分出小池平
恬澹無人見
年年長自清

Le chant du torrent

Chu Guangxi

Il est un torrent
qui court la montagne
Comment il s'appelle ?
Nul ne sait son nom

À terre il reflète
la couleur du ciel
En vol il imite
le bruit de la pluie
Ses remous emplissent
de profonds ravins
Ses bras s'alanguissent
en petits bassins

Tranquille et modeste
inconnu des hommes
D'année en année
toujours aussi pur.

水月洞和韻

薊北處士

水底有明月
水上明月浮
水流月不去
月去水還流

Variation sur le Trou de la lune immergée

L'ermite de Jibei

Au fond de l'eau
plonge le clair de lune
Par-dessus l'eau
flotte le clair de lune
Dans l'eau qui coule
la lune est immobile
Que s'éloigne la lune
toujours l'eau coule.

小池

楊萬里

泉眼無聲惜細流
樹蔭照水愛晴柔
小荷才露尖尖角
早有蜻蜓立上頭

Un petit bassin

Yang Wanli

Sans bruit l'œil de la source
distille un filet d'eau
L'arbre mire son ombre
épris de l'onde claire.

Qu'un petit nénuphar
montre sa corne fine
Sitôt la libellule
en occupe la cime.

初聞蛙

梅堯臣

朝開南籬梅
暮聞北池蛙
何時科斗生
草根已吐牙
只畏草葉長
其下可隱蛇
游子且勿行
科斗成蝦蟆

Premiers chants des grenouilles

Mei Yaochen

Le matin fait-il éclore
  la haie de prunus au sud,
Que le soir donne à entendre
  au nord l'étang des grenouilles.
Tu veux savoir en quel temps
  les têtards viennent au jour ?
Quand à la souche des plantes
  ont jailli de jeunes pousses.

Une seule chose à craindre :
  que les feuilles ne grandissent
Et que cet abri ne puisse
  dissimuler un serpent.
Ô voyageur, un instant,
  ne t'en vas donc pas si vite,
Pas avant que les têtards
  ne deviennent des crapauds !

石門泉

湯顯祖

春虛寒雨石門泉
遠似虹蜺近若煙
獨洗蒼苔注雲壑
懸飛白鶴遶青田

La chute d'eau du Seuil de pierre

Tang Xianzu

Ciel de printemps sous la pluie froide
    la chute d'eau du Seuil de pierre
De loin semblable à l'arc-en-ciel
    de près telle un brouillard fumant
Arrose un lit de mousse bleue
    et verse au ravin son nuage
Grue blanche en suspens dans les airs
    son aile accole les Champs verts.

望廬山瀑布

李白

日照香爐生紫煙
遙看瀑布掛前川
飛流直下三千尺
疑是銀河落九天

En vue de la cascade du Lushan

Li Bai

Sous le soleil le mont Brûle-parfum
émet des vapeurs pourpres.
Je vois au loin descendre le rideau,
un torrent me fait face.

Il vole, coule et dégringole
de ses trois mille pieds.
Serait-ce pas la Voie lactée
chutant du ciel nonuple ?

廬山瀑布

徐凝

虛空落泉千仞直
雷奔入江不暫息
今古長如白練飛
一條界破青山色

La cascade du Lushan

Xu Ning

Dans le vide une chute
mille toises à pic
Se jette au fleuve et tonne
sans trêve ni repos
Aujourd'hui comme hier
long envol de soie blanche
Qui traverse d'un trait
le bleu de la montagne.

漁家

鄭板橋

賣得鮮魚百二錢
糴糧炊飯放歸船
拔來濕葦燒難著
曬在垂楊古岸邊

Le pêcheur

Zheng Banqiao

J'ai vendu mon poisson frais
pour quelques sapèques,
Acquis du riz, mon repas,
barque au fil de l'eau.
Mais comment donc allumer
des roseaux mouillés ?
Au soleil du vieux talus
où pendent les saules.

江村即事

司空曙

釣罷歸來不繫船
江村月落正堪眠
縱然一夜風吹去
只在蘆花淺水邊

Impromptu du village au bord du fleuve

Sikong Shu

Le pêcheur est de retour
 mais n'attache point sa barque
Coucher de lune au village
 il serait bon de dormir.
Même si pendant la nuit
 le vent se lève et l'entraîne
Ce sera dans les roseaux
 au bord d'une eau peu profonde.

江雪

柳宗元

千山鳥飛絕
萬逕人蹤滅
孤舟蓑笠翁
獨釣寒江雪

Fleuve et neige

Liu Zongyuan

Un millier de montagnes
　où nul oiseau ne vole
Et dix mille chemins
　toute trace effacée
Une barque isolée
　manteau chapeau de paille
Un vieillard sous la neige
　pêchant dans les eaux froides.

萬山潭作

孟浩然

垂釣坐磐石
水清心亦閑
魚行潭樹下
猿挂島藤間
游女昔解佩
傳聞於此山
求之不可得
沿月棹歌還

Au lac du mont Wan

Meng Haoran

J'abaisse ma ligne
assis sur un rocher plat,
Les eaux sont limpides
et mon âme sans souci.
Les poissons du lac
s'ébattent au pied des arbres,
Les singes dans l'île
se suspendent aux lianes.

Quand les promeneuses
jadis offraient leur ceinture,
Selon la légende
c'était sur cette montagne.
Je les ai cherchées,
je n'ai pas pu les trouver,
Et longeant la lune
ma rame en chantant s'éloigne.

過新開湖

楊萬里

漁郎艇子入重湖
老眼慇懃看著渠
看去看來成怪事
化爲獨鴈立橫蘆

En passant par le lac de Neufpertuis

Yang Wanli

Petit pêcheur dans sa barque
paraît sur le Double lac,
De mes pauvres yeux de vieux
je l'observe intensément.
De loin, de près, je l'observe,
survient une chose étrange :
Seul sur un roseau qui ploie
en oie sauvage il se change.

過寶應縣新開湖

楊萬里

天上雲煙壓水來
湖中波浪打雲回
中間不是平林樹
水色天容拆不開

En passant à Baoying par le lac de Neufpertuis

Yang Wanli

Du haut du ciel
la brume
vient peser sur les eaux,
Du sein du lac
la vague
frappe et renvoie la brume.

Sans le front des
forêts
entre eux deux déployé,
Forme et couleur,
le ciel
et l'eau se confondraient.

望洞庭

劉禹錫

湖光秋月兩相和
潭面無風鏡未磨
遙望洞庭山水翠
白銀盤裏一青螺

En vue du lac Dongting

Liu Yuxi

Lac éclatant lune d'automne
    en intime harmonie :
Sur le plan d'eau pas une ride,
    un disque* inentamé.
De loin que voit-on de ce lac,
    des monts et des eaux vertes ?
Au fond d'un blanc plateau d'argent
    une torsade** sombre.

*Un disque (littéralement : un miroir) inentamé : la pleine lune du huitième mois.
**Une torsade sombre : le reflet du mont des Déesses (Junshan).

題君山

雍陶

煙波不動影沉沉
碧色全無翠色深
疑是水仙梳洗處
一螺青黛鏡中心

*Au mont des Déesses**

Yong Tao

L'eau du lac immobile
engloutit son image,
Reflet non d'émeraude
mais de sombre indigo.
C'est là que les déesses
se peignent et se lavent,
Au fond de ce miroir
une torsade noire.

*Le mont des Déesses de la rivière Xiang est situé dans le lac Dongting. Son reflet dans l'eau a l'aspect d'une chevelure.

湖上

徐元杰

花開紅樹亂鶯啼
草長平湖白鷺飛
風日晴和人意好
夕陽簫鼓幾船歸

Sur le lac

Xu Yuanjie

Décloses fleurs aux arbres rouges
où le loriot chante à tue-tête,
Haute verdure au lac étale
où prend son vol l'aigrette blanche.
Soleil et vent, calme et lumière,
dont s'ébaudit le cœur de l'homme,
Flûte et tambour au crépuscule,
voici les barques de retour.

湖天暮景

楊萬里

坐看西日落湖濱
不是山銜不是雲
寸寸低來忽全沒
分明入水只無痕

Lac et ciel, paysage crépusculaire

Yang Wanli

Assis j'ai vu
le crépuscule
décliner sur les bords du lac
Ni la montagne
ni le nuage
ne se souciaient de le happer.

Tout doucement
est descendu
et soudain sombra tout entier
Dans l'eau c'est sûr
il est entré
pourtant je cherche en vain sa trace.

還自廣陵

秦觀

天寒水鳥自相依
十百爲群戲落暉
過盡行人都不起
忽聞冰響一齊飛

Au retour de Guangling

Qin Guan

Le ciel fraichît, les oiseaux aquatiques
d'instinct se réunissent,
Par dix ou cent ils s'amusent en bande
aux lueurs du couchant.
Sur le chemin défilent les passants
sans qu'aucun d'eux ne bouge,
Qu'on entende soudain craquer la glace,
tous ensemble ils s'envolent.

夢洞庭

釋敬安

昨夜汲洞庭
君山青入瓶
倒之煮團月
還以浴繁星
一鶴從受戒
群龍來聽經
何人忽吹笛
使我松間醒

J'ai rêvé du lac Dongting

Le moine Jing'an

La nuit dernière
    en puisant l'eau du lac Dongting,
Le mont Déesse
    entra bleu-vert dans ma bouteille.
La renversant
    j'ai fait bouillir la lune ronde,
Et dans l'instant
    baigné le troupeau des étoiles.
Lors une grue
    vint recevoir la Discipline,
Et les dragons
    m'entendre lire les Sûtras.
Mais un quidam
    se mit à jouer de la flûte
Me réveillant
    de mon sommeil sous les sapins.

之零陵郡次新亭詩

范雲

江干遠樹浮
天末孤煙起
江天自如合
煙樹還相似
滄流未可源
高瓢去何已

En route pour Lingling, halte au Pavillon Neuf

Fan Yun

Le long du fleuve
    au loin les arbres dansent
Au bout du ciel
    un flot de fumée monte
Le ciel le fleuve
    paraissent se confondre
Arbre et fumée
    se ressemblent aussi
Du courant glauque
    la source est hors d'atteinte
Du vent là-haut
    le voyage est sans fin.

春日游湖上

徐俯

雙飛燕子幾時回
夾岸桃花蘸水開
春雨斷橋人不渡
小舟撐出柳陰來

Promenade printanière au bord du lac

Xu Fu

Quand donc reverrons-nous
le vol des hirondelles
deux par deux dans le ciel ?

Sur l'une et l'autre berge
comme au sortir du bain
les fleurs de pêcher s'ouvrent.

Or sur le pont coupé
par les pluies du printemps
il ne passe personne,

Mais voici qu'à la perche
une petite barque
sort de l'ombre des saules.

江上

董穎

萬頃滄江萬頃秋
鏡天飛雪一雙鷗
摩挲數尺沙邊柳
待汝成陰繫客舟

Au bord du Fleuve

Dong Ying

À perte de vue l'eau bleue,
à perte de vue l'automne,
Reflets neigeux dans le ciel
d'un couple de goélands.
Je caresse sur la grève
le tronc d'un tout petit saule :
« Quand tu étendras ton ombre
j'amarrerai mon bateau. »

青山

王士禛

晨雨過青山
漠漠寒煙織
不見秣陵城
坐愛秋江色

Le mont Vert

Wang Shizhen

L'averse du matin
    traverse le mont Vert
Et de froides fumées
    tissent un voile épais
On ne discerne plus
    les remparts de Mo Ling
Je goûte au bord du fleuve
    le charme de l'automne.

題西溪無相院

張先

積水涵虛上下清
幾家門靜岸痕平
浮萍破處見山影
小艇歸時聞草聲
入郭僧尋塵裏去
過橋人似鑒中行
已憑暫雨添秋色
莫放修蘆礙月生

Au monastère de l'Invisible, sur la rivière de l'Ouest

Zhang Xian

Eaux gonflées chargées de ciel
    déploiement d'un monde pur,
Quelques portes silencieuses
    sur la rive au ras de l'eau.
Entre les lentilles d'eau
    se reflètent les montagnes,
Au retour des barques fines
    bruissent les herbes du bord.

Un moine entré dans la ville
    s'éloigne dans la poussière,
Mais les passants sur le pont
    pensent fouler un miroir.
Grâce à cette pluie soudaine
    l'automne a pris des couleurs,
Que la poussée des roseaux
    n'arrête le clair de lune !

木蘭柴

裴迪

蒼蒼落日時
鳥聲亂溪水
緣溪路轉深
幽興何時已

Au clos des Magnolias

Pei Di

Dans la bleuté quand le soleil se couche,
Qu'un chant d'oiseau trouble l'eau du torrent,
Le long de l'eau le sentier vire et fuit,
Jusques à quand, merveilles du désert ?

絕句

杜甫

江動月移石
溪虛雲傍花
鳥棲知故道
帆過宿誰家

Vers brisés

Du Fu

Fleuve rapide où la lune
    déplace les pierres
Torrent pur où le nuage
    approche les fleurs.
L'oiseau se pose il connaît
    la route habituelle
Pour la voile de passage
    quel gîte ce soir ?

漫成

杜甫

江月去人只數尺
風燈照夜欲三更
沙頭宿鷺聯拳靜
船尾跳魚撥剌鳴

Impromptu

Du Fu

La lune au fleuve,
  entre elle et l'homme
  à peine quelques pieds.
La lampe au vent
  luit dans le noir,
  il est près de minuit.

Un banc de sable,
  un héron dort,
  col fléchi, sans un bruit.
Près de la poupe
  un poisson saute,
  claque sa queue dans l'eau.

暮江吟

白居易

一道残陽鋪水中
半江瑟瑟半江紅
可憐九月初三夜
露似眞珠月似弓

Chanson du fleuve au crépuscule

Bai Juyi

Un dernier rayon se glisse dans l'eau :
Demi-fleuve vert, demi-fleuve rouge.
Adorable nuit du début d'octobre :
Lune en forme d'arc et rosée de perles !

蘭溪棹歌

戴叔倫

涼月如眉挂柳灣
越中山色鏡中看
蘭溪三日桃花雨
半夜鯉魚來上灘

Chanson de rame au torrent des Orchis

Dai Shulun

Comme un sourcil la lune froide
se penche sur la baie des Saules,
Le coloris des monts de Yue
paraît au fond de ce miroir.
Au torrent des Orchis trois jours
de pluie sur les pêchers en fleurs,
À la minuit montée des carpes
à la surface des bas-fonds.

三箇泉

史善長

漠漠黃沙黯澹天
果然涓滴勝金錢
願教吸盡西江水
噴作戈灘百道泉

Les Trois Sources

Shi Shanchang

Immensité de sable jaune
    sous un ciel sombre,
Où valent mieux les gouttes d'eau
    que les sapèques.
Qu'attendons-nous pour aspirer
    l'eau du grand Fleuve
Et recracher sur le Gobi
    cent sources vives ?

出嘉峪關

裴景福

太華終南翠作屏
黃沙黑水萬重經
春風楊柳三千里
一出長城不肯青

Au sortir de Jiayuguan (la passe du Beau ravin)

Pei Jingfu

Des monts Taihua, Zhongnan, au loin,
le paravent bleuté,
Ici, d'Eau Noire et Sable Jaune,
de multiples traverses.
Dans le vent du printemps les saules
qui recouvrent la Chine,
À peine franchie la Muraille,
refusent de verdir.

絕句

杜甫

兩箇黃鸝鳴翠柳
一行白鷺上青天
窗含西嶺千秋雪
門泊東吳萬里船

Vers brisés

Du Fu

Couple de loriots jaunes
    chanteurs du saule verdoyant,
File de cygnes blancs
    voiliers du ciel céruléen.

Emplissant la fenêtre,
    des monts de l'Occident la neige millénaire,
À la porte amarrée,
    des plaines d'Orient la barque aux mille *li*.

早發白帝城

李白

朝辭白帝彩雲間
千里江陵一日還
兩岸猿聲啼不盡
輕舟已過萬重山

J'ai quitté de bon matin
les remparts de l'Empereur blanc

Li Bai

Je quitte à l'aube
l'Empereur blanc
dans un halo de brume,
En un seul jour
à mille *li*
je retrouve Jiangling.

Sans que jamais
sur les deux rives
cessât le cri des singes,
Mon vif esquif
a dépassé
le chaos des montagnes.

湞陽峽

張九齡

行舟傍越岑
窈窕越溪深
水闇先秋冷
山晴當晝陰
重林間五色
對壁聳千尋
惜此生遐遠
誰知造化心

Les gorges de Zhenyang

Zhang Jiuling

Ma barque file au plus près
des hautes parois de Yue,
Ténébreuse profondeur
de la rivière de Yue.
Assombrissement des eaux
premiers frissons de l'automne,
Sous les cimes lumineuses
en plein jour l'obscurité.

Dans les épaisses forêts
alternent les cinq couleurs,
Les falaises affrontées
s'élèvent à mille pieds.
Quel dommage que ce site
n'existe qu'au bout du monde,
Mais nul homme ne pénètre
les desseins du créateur.

興安

袁枚

江到興安水最清
青山簇簇水中生
分明看見青山頂
船在青山頂上行

Xing'an

Yuan Mei

La rivière* offre à Xing'an
son eau la plus pure,
Une foule de montagnes
naît au sein des eaux.
Nets et clairs on aperçoit
leurs sommets bleutés,
Notre barque se promène
sur ces cimes bleues.

*La rivière : il s'agit du Lijiang que le poète remonte de Guilin à Xing'an.

襄邑道中

陳與義

飛花兩岸照船紅
百里榆隄半日風
臥看滿天雲不動
不知雲與我俱東

En route pour Xiangyi

Chen Yuyi

L'envol des fleurs sur les deux rives
empourprait mon bateau,
Le vent passait sur les cent *li*
de la digue aux ormeaux.

Couché j'ai vu le ciel empli
de nuées immobiles,
Or j'ignorais qu'elles et moi
nous faisions même route.

宿建德江

孟浩然

移舟泊煙渚
日暮客愁新
野曠天低樹
江清月近人

Halte nocturne sur la rivière de Jiande

Meng Haoran

La barque vagabonde
   accoste à l'îlot dans la brume
Sous le soleil couchant
   pour l'étranger renaît l'angoisse.
Dans la campagne immense
   le ciel descend au pied des arbres
Dans le fleuve aux eaux pures
   la lune est au plus près de l'homme.

東魯門泛舟

李白

日落沙明天倒開
波搖石動水縈迴
輕舟泛月尋溪轉
疑是山陰雪後來

En barque à la Porte orientale de Lu

Li Bai

Soleil couchant sable clair
le ciel ouvert à l'envers,
Vague et pierre en mouvement
dans le flot tourbillonnant.
Frêle barque au fil de lune
virevoltes du courant,
Il me semble que j'arrive
à l'Ubac après la neige.*

*Le dernier vers fait allusion à l'extravagante navigation nocturne d'un célèbre original (*Shishuo xinyu* ou *Nouveaux propos mondains*, Ve siècle).

楓橋夜泊

張繼

月落烏啼霜滿天
江楓漁火對愁眠
姑蘇城外寒山寺
夜半鐘聲到客船

Escale nocturne au pont des Érables

Zhang Ji

Au coucher de la lune
un corbeau se lamente,
la gelée blanche emplit le ciel.
Les érables du fleuve,
le fanal d'un pêcheur,
observent mon sommeil inquiet.

Au delà des remparts
de l'antique Suzhou,
le monastère du mont Froid :
En pleine nuit résonne
le bourdon d'une cloche
jusqu'à ma barque vagabonde.

江上

王士禛

蕭條秋雨夕
倉茫楚江晦
時見一舟行
濛濛水雲外

Sur le Fleuve

Wang Shizhen

Un soir monotone
    sous la pluie d'automne
Fuite à l'infini
    du Fleuve assombri.
Apparue soudain
    une barque passe
Au delà de l'eau
    la brume l'efface.

題米元暉山水

趙孟頫

澄江漾旭日
青嶂擁晴雲
孤舟彼誰子
應得離人群

Inscrit sur un paysage de Mi Yuanhui

Zhao Mengfu

Un cours d'eau limpide où flotte
le soleil levant
Une paroi verte aux bras
d'un léger nuage
La barque d'un inconnu
seule à l'horizon
Je parie qu'elle abandonne
le monde des hommes.

和尹從事懋泛洞庭

張說

平湖一望上連天
林景千尋下洞泉
忽驚水上光華滿
疑是乘舟到日邊

Sur le lac Dongting en écho à mon assistant Yin Mao

Zhang Yue

Sous mon regard le lac étale
  s'élève et se marie au ciel
De la forêt vertigineuse
  le reflet tombe au fond du gouffre.
Soudain la surface de l'eau
  s'emplit d'aveuglante clarté
Sans doute à bord de ce bateau
  touché-je aux marges du soleil.

院中獨坐

虞集

何處他年寄此生
山中江上總關情
無端繞屋長松樹
盡把風聲作雨聲

Assis tout seul dans ma cour

Yu Ji

À l'avenir en quel endroit
    logerai-je mes jours ?
Dans la montagne ou sur le fleuve
    je serais à mon aise.
Mais voici que les pins qui poussent
    autour de ma maison
Se saisissant des bruits du vent
    jouent le bruit de la pluie.

山中

王勃

長江悲已滯
萬里念將歸
況屬高風晚
山山黃葉飛

En montagne

Wang Bo

Du Long fleuve c'est pitié
   d'être prisonnier
À dix mille *li* je rêve
   d'un prochain retour
Surtout lorsque d'aventure
   un soir de grand vent
S'envolent les feuilles jaunes
   des monts d'alentour.

江亭夜月送別

王勃

亂煙籠碧砌
飛月向南端
寂寂離亭掩
江山此夜寒

Au pavillon du Fleuve, par une nuit de lune, adieu

Wang Bo

Échevelée la brume
couvre les marches vertes
Et s'envole la lune
face à la porte sud.
Fermé le pavillon
des adieux – Solitude
Le fleuve et la montagne
en cette nuit me glacent.

與浩初上人同看山寄京華親故

柳宗元

海畔尖山似劍鋩
秋來處處割愁腸
若爲化得身千億
散上峰頭望故鄉

Regard sur la montagne en compagnie du révérend Haochu
À mes amis et parents de la capitale

Liu Zongyuan

Aux bords de l'océan les monts aigus
comme pointes d'épée
Transpercent de partout l'âme blessée
quand l'automne est venu.
Si par métamorphose il advenait
que j'eusse mille corps,
J'essaimerais de cime en cime, en vue
du sol où je suis né.

還都帆詩

湛方生

高岳萬丈峻
長湖千里清
白沙窮年潔
林松冬夏青
水無暫停流
木有千載貞
寤言賦新詩
忽忘羈客情

Retour en barque à la capitale

Zhan Fangsheng

Hauteur des monts
    dressés à mille toises
Longueur du lac
    sur cent lieues limpide.
Le sable blanc
    passe l'année sans tache
Les bois de pins
    hiver été verdoient.

Le flot s'écoule
    nul instant de repos
L'arbre se dresse
    il durera mille ans.
À mon réveil
    pour ce nouveau poème
Soudain j'oublie
    les soucis du voyage.

Appendice

Les pièces qui composent ce supplément sont fidèles à l'inspiration et à la forme de l'anthologie initiale. La montagne reste le thème prédominant, et la concision, le principe de sélection des poèmes retenus, uniquement des quatrains et des huitains. Le travail de traduction, disons plutôt de « transposition », a cherché son inspiration comme précédemment dans le respect de la sobriété, du rythme régulier et de l'euphonie du texte original.

Cette suite marque cependant un infléchissement du projet antérieur. Le champ couvert a été plus étroitement délimité. De la montagne, ce sont les temples qui l'occupent et les moines qui l'habitent, qui retiennent ici l'attention. La montagne chinoise se couvrait en effet de temples et de monastères bouddhiques ou d'étroites loges individuelles, où se retiraient religieux ou ermites, tels ces personnages que la tradition chrétienne appelait autrefois « cénobites » dans le premier cas, « anachorètes » dans le second. Comme en Occident les « déserts », les montagnes chinoises, séjours démoniaques hantés de monstres, offraient aussi des asiles de paix. C'est dans le « Vide », solitude, silence et détachement, animé seulement par le vent, le chant des oiseaux et le son monacal des cloches et des gongs, que ces solitaires menaient une vie d'abstinence et d'ascèse. La profondeur, dans une immobilité hiératique, de leur méditation les conduisait à l'oubli de soi, à l'extinction de la conscience au sein de l'enveloppement du monde. Des laïcs fréquentaient aussi, momentanément, ces moines ou ces ermites et s'inspiraient de leur philosophie et de leur mode de vie.

Les poèmes choisis ont été composés soit par ces visiteurs laïques des temples et des ermitages, soit, pour près de la moitié d'entre eux, par des moines. Ces derniers, sauf exceptions, n'égalaient sans doute pas l'éblouissante maîtrise des plus grands poètes lettrés, mais leurs œuvres, simples et naïves, moins érudites, témoignent de l'enracinement dans la tradition et de la popularité du culte de la montagne.

Les textes présentés ont été tirés d'anthologies souvent qualifiées de recueils de poèmes *chan*. « Chan », *dhyâna* (méditation, contemplation) en sanskrit, *zen* en japonais, est le nom d'une secte bouddhique apparue en Chine vers la fin du Vème siècle et appelée à éclipser dans ce pays les autres branches du bouddhisme, avant d'étendre son influence à toute la culture de l'Extrême-Orient. Les Chinois font un large usage du terme *chan*, qu'ils appliquent facilement à toute poésie de la montagne, pour peu que s'y révèle, avec la passion de la nature sauvage, une apparence de quête spirituelle ou mystique, idéalement centrée sur la pratique silencieuse de la « méditation assise ».

山居

法成

雪壓喬林同一色
清光上下含虛碧
采樵人立渡頭寒
極目圓蟾爲誰白

Logis montagnard

Le moine Facheng

La forêt ploie sous la neige
elle en a pris la couleur,
Les espaces s'illuminent
d'une bleuté transparente.

Le coupeur de bois se tient
près du gué, transi de froid,
La lune éblouit ses yeux,
mais pour qui cette blancheur ?

靈隱寺月夜

厲鶚

夜寒香界白
澗曲寺門通
月在眾峰頂
泉流亂葉中
一燈群動息
孤磬四天空
歸途畏逢虎
況聞巖下風

Nuit de lune au temple du Divin retrait

Li E

Froide est la nuit
dans la blancheur de ce lieu saint,
Sur un ravin
sinueux, le temple ouvre sa porte.

La lune est là
par-dessus la crête des monts,
Les eaux ruissellent,
se bousculant sous la feuillée.

Seule une lampe
veille au repos des créatures,
Un gong résonne
dans le Vide des Quatre cieux.

Pour mon retour,
j'ai peur de rencontrer le tigre,
Alors qu'en sus
le vent mugit sous les rochers.

曉過西湖

梵琦

船上見月如可呼
愛之且復留斯須
清山倒影水連郭
白藕作花香滿湖
仙林寺遠鐘已動
靈隱塔高燈欲無
西風吹人不得寐
坐聽魚蟹翻孤蒲

En traversant à l'aube le lac de l'Ouest

Le moine Fanqi

Sur mon bateau voici la lune
docile à mon appel,
J'en suis épris, je la retiens,
quelques instants encore.

Vertes montagnes et murailles
se reflètent dans l'eau,
La blanche fleur des nénuphars
embaume tout le lac.

De la « Forêt des Immortels »
la cloche sonne au loin,
Sur la tour du « Divin retrait »
la lampe va s'éteindre.

Je sens passer le vent de l'Ouest,
il m'ôte le sommeil,
J'écoute assis poissons et crabes
folâtrer dans les herbes.

横塘夜泊

宗渭

偶爲看山出
孤舟向晚停
野梅含水白
漁火逗煙青
寒嶼融殘雪
春潭浴亂星
何人吹鐵笛
清響破空冥

Escale nocturne à Hengtang

Le moine Zongwei

Je suis sorti d'aventure
pour contempler la montagne,
J'ai arrêté mon bateau
à l'approche de la nuit.

Tout gorgés d'humidité,
blancheur des pruniers sauvages.
La lanterne des pêcheurs
se joue de la nuée bleue.

Traces de neige fondue
sur la petite île froide,
Bain d'étoiles en folie
dans les flaques du printemps.

Quelque part un inconnu
joue d'une flûte de fer,
Dont la sonorité pure
trouble le ciel endormi.

題山寺僧房

岑參

窗影搖群木
牆陰戴一峰
野爐風自爇
山碓水能舂
勤學翻知誤
爲官好欲慵
高僧暝不見
月出但聞鐘

Inscrit sur le logis du moine,
en son temple de montagne

Cen Shen

À la fenêtre un reflet
met en branle un bouquet d'arbres,
La face ombreuse du mur
se couronne d'une crête.

Vois le poêle campagnard :
c'est grâce au vent qu'il s'allume,
Vois le pilon montagnard :
c'est grâce à l'eau qu'il travaille.

Par une étude assidue
on n'apprend que ses erreurs,
Et qui devient officier
souvent cède à la paresse.

Le digne moine ce soir
n'a pas voulu se montrer,
Quand la lune s'est levée,
je n'entendis qu'une cloche.

宿山寺

賈島

眾岫聳寒色
精廬向此分
流星透疏木
走月逆行雲
絕頂人來少
高松鶴不群
一僧年八十
世事未曾聞

Une nuit dans un temple de montagne

Jia Dao

Couleur froide des monts,
hautaine multitude,
À laquelle fait face
une hutte mystique.

La forêt clairsemée
est traversée d'étoiles,
La lune dans son cours
croise un vol de nuages.

Peu d'hommes éminents
arrivent en ce lieu,
Sur les pins on ne voit
point de grues s'assembler.

Là vit un moine âgé
de quatre-vingts années,
Qui n'a jamais rien su
des affaires du monde.

游湖上昭慶寺

陳堯佐

湖邊山影里
靜景與僧分
一榻坐臨水
片心閑對雲
樹寒時落葉
鷗散忽成群
莫問紅塵事
林間肯暫聞

Au bord du lac de l'Ouest, promenade au temple de l'Éclatante Félicité

Chen Yaozuo

Auprès du lac, à l'ombre des montagnes,
je jouis du calme en compagnie d'un moine.
Au bord de l'eau, sur un banc je m'assieds,
le cœur léger, comme aussi les nuages.

La saison froide a dépouillé les arbres,
les goélands épars soudain s'assemblent.
Ne parlez pas de la poussière rouge,
dans la forêt, je n'en veux rien savoir.

游廬山宿棲賢寺

王安國

古屋蕭蕭臥不周
弊裘起坐興綢繆
千山月午乾坤晝
一壑泉鳴風雨秋
跡入塵中慚有累
心期物外欲何求
明朝松路須惆悵
忍更無詩向此留

En parcourant le Lushan, j'ai fait halte pour la nuit au temple des Sages retirés du monde

Wang Anguo

Une vieille bâtisse, ouverte à tous les vents,
où le sommeil me fuit.
Une loque enfilée, je me lève, m'assieds,
pris d'un grand désarroi.

La lune est au zénith sur les mille montagnes,
éclairant ciel et terre.
Dans le fond d'un vallon, une source bouillonne,
tels vents et pluies d'automne.

J'ai foulé la poussière, une compromission
qui me couvre de honte.
Car l'espoir de mon cœur est au delà du monde,
que désiré-je d'autre ?

Pourtant demain matin ce sentier sous les pins
fera mon désespoir !*
Il fallait quelques vers pour de cette aventure
conserver la mémoire.

*Le poète s'apprête à retourner dans le monde, mais à contrecœur.

寄題沙溪寶錫院

歐陽修

爲愛江西物物佳
作詩嘗向北人誇
青林霜日換楓葉
白水秋風吹稻花
釀酒烹雞留醉客
鳴機織苧遍山家
野僧獨得無生樂
終日焚香坐結跏

Inscription destinée au monastère du Précieux bâton à Shaqi

Ouyang Xiu

De mon amour pour le Midi,
    de ses beautés de toute sorte,
Je me réclame dans le Nord
    lorsque je compose un poème.

Dans mes forêts par temps de givre,
    l'érable change de couleur,
Le vent d'automne sur les eaux
    vient caresser le riz en fleur.

Vins fermentés, poulets bouillis,
    retiennent l'hôte déjà soûl,
Dans la montagne la navette
    en chantant tisse la ramie.

Les moines seuls en leur désert,
    pour s'affranchir des renaissances,
Tout le jour brûlant de l'encens,
    s'asseyent en méditation.

偕顧伊人晚從維摩踰嶺宿破山寺

吳偉業

樹老不言處
秋深無事中
雲根僧過白
霜信客來紅
樵語隔林火
茶煙小院風
杳然松下路
人影石橋東

En compagnie de Gu Yiren, un soir,
au départ du temple de Weimo,
j'ai traversé la montagne et passé la nuit
au temple de la Montagne brisée

Wu Weiye

Les arbres sont anciens
  et la parole absente,
Profonds sont les automnes
  à l'écart des affaires.

Il faut qu'un moine passe
  pour que blanchissent les nuages,
Il faut qu'un hôte arrive
  pour que rougisse la saison.

Derrière un feu dans la forêt
  monte la voix d'un bûcheron,
Le vent d'un petit ermitage
  apporte une senteur de thé.

Discrètement caché,
  un sentier sous les pins,
Auprès du pont de pierre,
  l'ombre d'un être humain.

雜韻

大寧

峰頂屋三間
松邊石一片
早晚雲飛來
只有樵夫見

Rimaillerie

Le moine Daning

Tout au sommet,
    un logis, trois cellules.
Auprès du pin,
    une dalle de pierre.

Matin et soir,
    les nuages affluent,
Nul n'en voit rien,
    sinon le bûcheron.

菴中自題

顯萬

萬松嶺上一間屋
老僧半間雲半間
三更雲去作行雨
回頭方羨老僧閑

Écrit de sa main dans son moutier

Le moine Xianwan

Sur la chaîne aux dix mille pins
  la maison n'a qu'une cellule,
Une moitié pour le vieux moine,
  l'autre moitié pour un nuage.

À minuit s'en va le nuage,
  ayant pour tâche de pleuvoir.
Il se retourne, il est jaloux
  de la quiétude du vieux moine.

冰雪菴爲衡嶽北山上人賦

張翥

衡嶽山中老道人
一龕一衲足容身
禪林出定雲生室
詩境行吟清入神
瓶水不凝霞氣暖
石門長掃虎蹄新
只應煨芋燒茶外
乞火時時到寺鄰

Composé au moutier de la Neige glacée, en l'honneur du Révérend du sommet Nord dans le massif sacré du Sud

Zhang Zhu

Au milieu des hautes pentes
du massif sacré du Sud,
un vieil homme suit le Dao.
Une niche et sa statue,
une robe rapiécée,
suffisent à son confort.

Dans le bois sacré du temple,
lorsqu'il sort de méditer,
du logis monte un nuage.
Dans ce cadre poétique,
pure transfiguration,
il déambule en chantant,

Dans sa jarre l'eau ne gèle,
l'atmosphère reste tiède.
Chaque fois qu'est balayée
de l'entrée la dalle en pierre,
le tigre y laisse sa trace.

À part cuire le taro
et faire infuser le thé,
Pour mendier du combustible
il se rend à tout moment
chez les voisins de son temple.

翠微山居

沖邈

一池荷葉衣無盡
數樹松花食有餘
卻被世人知去處
更移茅屋作深居

L'hôte du mont Fin-azur

Le moine Chongmiao

D'un seul étang les nénuphars,
plus qu'il n'en faut pour se vêtir.
D'une pinède quelques fleurs,
de quoi manger à satiété.

Mais le vulgaire a découvert
en quel endroit s'en est allé.
Alors il quitte sa chaumière
pour un asile mieux caché.

南峰宴坐僧

宋無

空巖槁木形
入定掩松扃
鵲供銜來果
猿看誦罷經
雲霞埋衲重
苔蘚上鞋青
只有樵人識
曾因采茯苓

Un moine en méditation sur la montagne du Sud

Song Wu

Un escarpement vide
    où se dessinent de grands arbres,
C'est là qu'il se recueille,
    porte fermée sur sa pinède.

Les pies viennent à lui,
    apportant des fruits dans leur bec,
Les singes le regardent
    psalmodier les textes sacrés.

Des nuées vaporeuses
    pèse sur lui la chape humide,
Des mousses escaladent
    de leur verdure ses chaussures.

Il n'y a qu'un seul homme
    qui le connaisse, un bûcheron,
Cueilleur de champignons
    sur les racines de ses pins.

贈建業契公

孟郊

師住青山寺
清華常繞身
雖然到城郭
衣上不棲塵

À Qigong de Nankin

Meng Jiao

Maître, en ton temple, à la montagne,
  Tu vis dans un cercle de fleurs,
Et même au sein de la cité,
  Sur ton habit point de poussière.

寄太虛上人

陳獻章

太虛石洞居
孤寂少人依
遠客攜琴至
逢師乞食歸
一蒲青草上
四面白雲飛
盡日無言談
巖花落滿衣

Pour l'honorable Immatériel

Chen Xianzhang

L'Immatériel habite
une grotte de pierre,
Il vit en solitaire,
il a peu de disciples.

Survient un voyageur
porteur d'une cithare,
Le maître était rentré
de sa mendicité.

Reposant sur un lit
de vertes immortelles,
Alors que tout autour
volaient de blancs nuages,

Il ne dit pas un mot
de toute la journée.
Tombées de la paroi,
des fleurs couvraient sa robe.

雨花巖

蘇轍

巖花不可攀
翔蕊久未墮
忽下幽人前
知子觀空坐

Pluie de fleurs sur la paroi

Su Zhe

Les fleurs de la paroi
    sont hors de ma portée,
Et les pétales volent,
    longtemps sans se poser.

Mais soudain ils descendent
    aux pieds du solitaire,
Voyant le maître assis
    à contempler le Vide.

終南僧

貫休

聲利掀天竟不聞
草衣木食度朝昏
遙思山雪深一丈
時有仙人來打門

Le moine des monts Zhongnan

Le moine Guanxiu

Il n'a jamais rien su
des gloires et profits
qui montent jusqu'au ciel.
Des herbes le vêtissent,
des arbres le nourrissent,
ainsi passent les jours.

Sa pensée vagabonde :
dans la neige profonde,
Un jour à la montagne,
un immortel viendra
pour frapper à sa porte.

聞鐘

皎然

古寺寒山上
遠鐘揚好風
聲餘月樹動
響盡霜天空
永夜一禪子
泠然心境中

Le son de la cloche

Le moine Jiaoran

Il est un temple ancien
 sur la montagne froide,
Dont la cloche lointaine
 exhale un souffle pur.

Un écho de sa voix
 émeut l'arbre lunaire,
Le son expire enfin
 dans le Vide glacé.

Pour un maître de Chan,
 c'est l'éternelle nuit,
Qui comble de fraîcheur
 tout l'espace et son cœur.

詠懷詩

史宗

有欲苦不足
無欲亦無憂
未若清虛者
帶索披玄裘
浮游一世間
泛若不繫舟
方當畢塵累
栖志老山丘

Épanchement

Le moine Shizong

La frustration suit le désir,
  Point de désir, point de douleur.
Il vaut mieux être pur et libre,
  Vêtu de peau, ceint d'une corde,

Se promener de par le monde,
  Comme une barque sans amarre,
Se délivrer de la poussière,
  Et s'en remettre à la montagne.

自題像

惟政

貌古形疏倚杖藜
分明畫出須菩提
解空不許離聲色
似聽孤猿月下啼

Inscrit sur sa propre image

Le moine Weizheng

Une figure antique, un air de gravité,
il s'appuie sur sa canne.
Il est bien évident que dans cette peinture
paraît un Subhûti*.

Mais il faut concilier l'idée de vacuité
et la beauté du monde,
De même qu'on écoute un singe solitaire
pleurer au clair de lune.

*L'un des disciples du Buddha, profond théoricien de la docrine de la vacuité.

灉湖山寺

張說

空山寂歷道心生
虛谷迢遙野鳥聲
禪室從來塵外賞
香臺豈是世中情
雲間東嶺千尋出
樹裏南湖一片明
若使巢由知此意
不將蘿薜易簪纓

Près du lac Yong, un temple de montagne

Zhang Yue

Dans le silence des monts vides,
naît la pensée du Dao.
Au loin dans le vallon désert,
chante un oiseau sauvage.

La loge des méditations
goûte les joies d'un au-delà du monde.
La salle parfumée d'encens
n'a nulle idée des émotions du siècle.

Du sein de la nuée la montagne orientale
émerge à mille toises.
Sous les arbres paraît, du lac méridional,
la nappe de lumière.

C'est pour avoir connu ces mêmes émotions
que les ermites Chao et You*
N'ont pas voulu quitter leurs vêtements de feuilles
pour un chapeau de mandarin.

*Il s'agit de deux ermites, Chaofu et Xu You, qui refusèrent la proposition de l'empereur mythique Yao de lui succéder sur le trône.

次韻曾端伯晚過青山

李牧

怪底塵勞破
青山在眼中
竹橋低跨水
林磬小鳴風
半嶺暮雲碧
一村霜葉紅
禪枝栖眾鳥
回首意無窮

Sur les rimes du poème de Zeng Duanbo,
« En passant un soir par la montagne Verte »

Li Mu

Bizarre ! a disparu l'épuisante poussière,
je n'ai plus sous les yeux que la montagne Verte.
Sur un pont de bambou je passe au ras des eaux,
au gong du bois sacré répond un vent léger.

À mi-pente le soir les nuages bleuissent,
au village, engivrés, les feuillages rougissent.
Sur les rameaux du Chan une foule d'oiseaux,
je me retourne et mes pensées vaguent sans fin.

山中

邵定

白日看雲坐
清秋對雨眠
眉頭無一事
筆下有千年

En montagne

Shao Ding

Au clair soleil assis sous un nuage,
au bel automne endormi sous la pluie,
Entre-sourcils libre de toute affaire,
sous mon pinceau défilent mille années.

自題月軒

德聰

軒前轆轤轉冰盤
軒裏詩成徹骨寒
多少人來看明月
誰知倒被月明看

Inscrit sur la galerie de la Lune

Le moine Dezong

Sous l'auvent le seau du puits
se change en un plat de glace*.
Le froid glisse jusqu'aux os
de qui compose en ce lieu.

Il arrive que les gens
viennent regarder la lune,
Sans savoir qu'ils sont eux-mêmes
sous le regard de la lune.

*Cette expression désigne la lune.

題奉化西峰院

正覺

水流百折山蒼蒼
古寺秋容橫野航
明月初濡寒露白
籬花似趁重陽黃
道人心已老松石
學子膽須磨雪霜
默默澄源坐兀兀
游魚沙鳥靜相忘

Inscription pour le monastère de la Cime occidentale de Fenghua

Le moine Zhengjue

La rivière aux cent détours,
les monts à perte de vue,
Un vieux temple, un air d'automne,
une barque de guingois.

Sous l'humide clair de lune,
la rosée froide blanchit,
Épousant le Double Neuf,
le chrysanthème jaunit.

Le cœur du saint vit longtemps,
plus que la pierre et le pin,
L'élève doit acquérir
blancheur de givre et de neige.

Assis tout droit en silence,
on purifie sa nature
Et doucement l'on s'oublie,
comme le poisson qui nage,
comme l'oiseau sur la plage.

牧童

棲蟾

牛得自由騎
春風細雨飛
青山青草裏
一笛一蓑衣
日出唱歌去
月明撫掌歸
何人得似爾
無是亦無非

Le pâtre

Le moine Qichen

Au dos d'un bœuf il se prélasse,
Vent du printemps, fines averses,
Monts verdoyants, vertes prairies,
Une flûte, un manteau de paille.

À l'aurore il part en chantant,
Au clair de lune il bat des mains.
Pour qui parvient à cet état,
Il n'y a plus ni vrai ni faux !

Index des auteurs

Ouvrages de Jean-Pierre Diény

Les dix-neuf poèmes anciens, Paris, PUF, 1963, 1974.

Aux origines de la poésie classique en Chine. Étude sur la poésie lyrique à l'époque des Han, Leiden, Brill, 1968.

Le monde est à vous. La Chine et les livres pour enfants, Paris, Gallimard, 1971. Épuisé.

Pastourelles et magnanarelles. Essai sur un thème littéraire chinois, Genève-Paris, Droz, 1977.

Le symbolisme du dragon dans la Chine antique, Paris, Collège de France, 1987.

Portrait anecdotique d'un gentilhomme chinois. Xie An (320-385) d'après le « Shishuo xinyu », Paris, Collège de France, 1993.

Hommage à Kwong Hing Foon. Études d'histoire culturelle de la Chine, J.-P. Diény, éd. Paris, Collège de France, 1995.

Lettres familiales de Zheng Banqiao, traduction et notes, La Versanne, Encre Marine, 1996.

Les poèmes de Cao Cao (155-220), Paris, Collège de France, 2000.

Achevé d'imprimer en octobre 2007
sur les presses de l'imprimerie Chirat
(42540 St-Just-la-Pendue),
pour le compte des Éditions Michalon,
collection « encre marine »
selon une maquette fournie par leurs soins.
Dépôt légal : octobre 2007 - N° 7339
ISBN : 978-2-84186-416-4

catalogue disponible sur :
http : //www.encre-marine.com